Theo von Taane

Ein
Ehebüchlein

----

*Bibliografische Information der Deutschen Nationalbibliothek:
Die Deutsche Nationalbibliothek verzeichnet diese Publikation
in der Deutschen Nationalbibliografie; detaillierte bibliografische
Daten sind im Internet über http://dnb.dnb.de abrufbar.*

*© 2016 Theo von Taane; 1. Auflage
Covergrafik & Illustrationen © Theo von Taane*

Herstellung und Verlag: BoD – Books on Demand, Norderstedt

ISBN: 9783739236599

Verheiratet sein ist nicht nötig.

Glücklich verheiratet sein ist nötig.

Ehe sollte nie als Filtrierapparat für betrübte Seelen dienen.

Es gibt Ehen, die erst nach dem Tod des einen Ehepartners mit diesem geschlossen werden.

Es gibt Ehen, die mit dem Tod des einen Eheteils enden.

Es gibt Ehen, die Ehe sind.

Wer über den Ehepartner bei anderen klagt, der bricht die Ehe.

Ehe ruht auf unbedingtem Vertrauen. Daher die Diskretion in der Ehe.

Das „unbedingte Vertrauen" zeigt sich darin, dass man dem Ehepartner sein Geheimnis gönnt.

Es kann eine Lähmung in der Ehe eintreten. „Früher warst du anders, früher hast du dies und das gemacht",
- das ist die Lähmung.

Wenn ein Ehepartner die Ähnlichkeit des Kindes mit dem anderen Eheteil **betont**, das ist meist ein verborgener Kleinkrieg.

Auf alle Kunst und jeden Beruf bereitet sich der Mensch vor, nur auf den schwersten Beruf nicht, auf die Ehe.

Wer in die Ehe tritt, ohne den festen Willen: nur Du - tritt neben die Ehe.

Ehe ist dienen.

Wer sich bedienen lässt, so, dass er sich bedienen lässt, bricht die Ehe.

„Recht behalten haben" - ist für den Liebenden das traurigste Geschäft.

„Wieder einmal recht gehabt" - hat nur der Nichtliebende.

Nicht recht gehabt zu haben ist ein süßes Glück.

Nur in der Ehe gibt es keinen Streit, wo ein Teil um keinen Preis recht behalten will.

Ich rede von Menschen, wie sie sind.

Darum sage ich:

Sprich keinen Vorwurf aus. Es gibt keinen, den du dem Ehepartner machen könntest, den der andere nicht schon längst im Stillen gegen dich erhoben hat.

Wer nicht das e r s t e Wort nach Spannungen findet, soll nicht heiraten.

Wer glücklich werden will, soll nicht heiraten.

Glücklich machen - da liegt es.

Wer verstanden werden will, soll nicht heiraten.

Verstehen - da liegt es.

Wer nicht das Gefühl kennt, mit dem ein Mensch sein Leben fühlt, kennt ihn gar nicht, - und handelt es sich um Mutter und Sohn- und handelt es sich um Mann und Frau.

Erinnerung, Hoffnung und Gewissen, zusammengeflossen in einen Strom - - das ist Lebensgefühl.

Was ist das höchste Gebot der Ehe?
„Liebe deinen Nächsten!"

Wer aber ist mein Nächster?
„Der keine Geduld mit dir hat."
„Der gegen alle Selbstbeherrschung hat, nur nicht gegen dich."
„Der den Ausläufer schont, aber nicht dich."
„Der dich kennt und dir doch falsche Beweggründe unterschiebt."

„*Darum, liebe deinen Nächsten, und aber Mal darum liebe deinen Nächsten.*"

*Sei größer als der Augenblick.
Sei immer größer als der Augenblick.
Sei nie geringer als der Augenblick.*

Ach, die „Enttäuschten"! Ach, die „Gekränkten"! Ach, die „Unverstandenen"!

Sei immer größer als der Augenblick! Wie wolltest du sonst die Kleinheit der Sache erkennen?

Sei nie geringer als der Augenblick, wie überständest du sonst die Scham, dass du kleiner warst als das Kleine?

Man kann „Ehe" übersetzen.
Mariage heißt's im Französischen.

Geduld - im Deutschen,
Besonnenheit - im Deutschen,
Güte - im Deutschen,
Nicht Ich - im Deutschen,
Immer nur Du - im Deutschen,
Sich über das gleiche freuen - im Deutschen,
Über das gleiche weinen - im Deutschen.

In der wahren Ehe werden die Gefährten jünger, immer jünger, alle Jahre weiter immer etwas jünger.

In der Ehe wächst der Gesprächsstoff, denn immer tiefer führt die gemeinsame Rede in den Sinn des Lebens, in die Seelen der Begegnenden.

Stumme Liebe - schmeckt nach Musäus' Märchen.
Liebe redet.

Möbelgemeinschaft ist keine Ehe.

Es ist gut, sich aussprechen zu können. Es ist gefährlich es nicht zu können.

Gott gab den Ehegefährten die Ohren, damit jeder die Klagen des anderen anhört - liebreich anhört.

Liebreich anhören, nicht geduldig - da liegt es.

Den Ehegefährten, zum gesellschaftlichen Spiel, vor anderen ironisieren, - bricht die Ehe.

Ehe schützt wie eine Mutter ihr Kind – „Ehe" deckt den Partner. Ehe steht für die Ehre des Ehepartners gegenseitig ein.

Tief sieht die Liebe. Sie sieht alle Schwächen des Gefährten.
Darum ist sie Arzt und Schleier.

Wer nicht sich gegenüber den Ton verträgt, den er gegen den Ehepartner hat, der prüfe sich.
Der prüfe sich.

Der liebt nicht die „Wahrheit" der sie anderen sagt. Nur der l i e b t die Wahrheit, der sie gegen sich verträgt.

Ehe geht vor dem Scheuern. Ehe geht vor der Zeitung. Ehe geht vor dem Bügeln. Ehe geht vor dem Beruf. Ehe ruft immer:
„Heim! Ach, nur heim!"

Zeit haben für den Ehepartner ist wichtiger als Geld für ihn zu haben.

Ein Ehepartner darf sein Eigenleben begraben.

Kein Ehepartner darf Totengräber im Leben des anderen sein.

„Höchste Liebe schweigt" -
So las ich einmal.
Ach, nein!
Höchste Liebe tröstet den Beleidiger.

Vor Fremden schweigen, wo ein Ehepartner den anderen im Stich lässt, ist selbstverständlich.

Der Liebende schweigt dann aber auch in der Zweisamkeit.

„Warte nur, wenn ich dich allein kriege" - das sagten die Flegel, als ich ein Kind war.

Manchmal muss ein Ehepartner reden.

Er ist ja Arzt gegenüber dem Ehepartner. Er ist ja Freund gegenüber dem Ehepartner.

Ehe ist Gewissensgemeinschaft.

Wenn nur kein Ehemann Angst vor dem Pantoffel hätte. Hat er dann nicht Furcht, ein Liebender zu sein?

Wer sich fürchtet vor der Nachrede, er sei ein Pantoffelheld, hat Furcht, als ein Liebhaber zu erscheinen.

Liebe heißt – „nur du!"

„Sein" Bier, sein „Stammtisch",
sein „bisschen Erholung" --
Ach, du lieber Himmel.

Die Liebe hat so süße Worte:
„Hilf mir vor mir selbst" - „die du
mich verwundest, heilst mich" -
„du Sorgender, immer Wacher" -
„du Herzenstraut" - solch süße
Worte hat die Liebe.

Höchste Liebe rinnt dahin - -
wie die Bergwasser, wo nur immer Tiefen sind, also weiß man nie im voraus, was höchste Liebe tun wird.

Ehe ist wach sein.

Ehe ist wie der Türmer, Ehe ist wie die Schildwacht, Ehe ist wie die Mutter des kranken Kindes, Ehe ist wie der Hüter des Gottesvolkes.

Ehe ist wach sein.

Entziehe keines dem anderen die Sonne.

Ohne Sonne dahin gehen, einen Tag, zwei Tage, viele Tage, -
es ist schrecklich.

Entziehe keines dem anderen die Sonne.

Ehe ist Anbetung.
Nicht Anbetung des anderen.

Ehe bedarf einen Glauben.
Wie, es wären da zwei und er wäre nicht mitten unter ihnen?

Wie, es wären da zwei und ihre Wangen glühten nicht für etwas, das sie lieben, das sie l i e b e n?

Ehe ist keine Erwerbsgemeinschaft.
Ehe ist das Daheimsein im Guten, Edlen, Noblen, im Schönen, in der Erlösung von der Knechtschaft des Kleinlichen, der Selbstsucht und der Ungüte.

Wer ein Ehebüchlein schreibt, schreibt eine Selbstanklage.

Weitere Bücher von Theo von Taane

Titel	ISBN
Minecraft Witzebuch	9783738612332
Minecraft Witzebuch 2	9783739211206
Minecraft Witzebuch 3	9783739211305
Minecraft Witzebuch 4	9783739222394
Minecraft Rätselbuch	9783739218267
Minecraft Notizbuch (liniert)	9783738628852
Minecraft Notizbuch (kariert)	9783739228709
Minecraft Mathe Ausmalbuch	9783739229744
Minecraft Offline Spiele	9783738647204
The Walking Dad Witzebuch	9783739213507
Weltbester Inline Skater	9783738610178
Weltbester Skifahrer	9783738610185
Weltbester Snowboarder	9783738610192
Weltbester Sportler	9783738610208
Weltbester Surfer	9783738610215
Weltbester Taucher	9783738610222
Weltbester Tennisspieler	9783738610239
Weltbester Volleyballer	9783738610246
Weltbester Wassersportler	9783738610253

…weitere Titel verfügbar und aktuell in Vorbereitung

Von Theo von Taane gibt es über 200 Bücher, Spiele Kalender, Sportbücher, Ratgeber, Notizbücher etc. Einfach mal im Store nach ‚von Taane' suchen.

Viel Spaß!